KB161654

지울 수 없는
상처

Vietnam War / Agent Orange

Martin Lee, On Photography

Martin Lee, On Photography

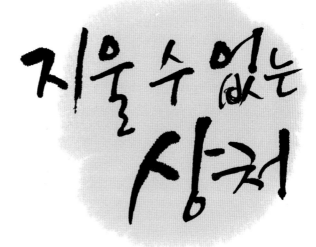

글 · 사진 **마틴 리**(Martin Lee, 이용하)

이담
Books

추천사

안녕하십니까?

대한민국고엽제전우회 베트남지부장 서철재입니다.

마틴 리(Martin Lee, 이용하) 베트남 참전용사 후배님께서 고엽제를 주제로 엮은 사진집 『지울 수 없는 상처』의 발간을 진심으로 축하합니다.

사진 한 장이 때로는 어떤 멋진 말이나 글보다 더 많은 이야기를 품고, 더 큰 힘을 발휘하는 경우를 봅니다. 그중에서도 저는 특히 사진의 '역사 증언'의 의미를 높이 평가합니다. 역사의 증언으로서 사진은 우리의 미래를 이끌어갈 청년들과 학생들에게 큰공부가 되고, 미래로 향하는 올바른 길을 안내하는 나침반 역할을 할 수 있기 때문입니다.

이번에 발간된 『지울 수 없는 상처』는, 그동안 우리에게 경제발전의 조역이 되었지만 다른 곳에서는 역사적인 그림자로 비춰진 베트남전쟁의 아픔을 주제로 합니다. 그 속에서 등한시하였던 고엽제의 심각성과 그 피해자들의 실상을 살펴보고, 더 나아가 현재 우리나라와 경제 및 문화 등으로 왕성한 교류가 이루어지는 베트남에서 아직 아물지 않은 상처로 고통스러워하는 베트남 참전용사들을 만나봅니다. 그런 가운데 저는 하나의 메시지를 발견했습니다.

한때 우리와 총을 겨누고 싸웠던 적이지만, 그들의 후손이 아파하고 고통스러워하는 모습은 지금의 우리가 풀어야 할 숙제라는 것입니다. 그 숙제를 풀기 위해서 우리는 더 알아야 하며, 배워야 하며, 그들의 모습을 있는 그대로 보아야 합니다. 이 사진집이 그 길에 한걸음 더 나아갈 수 있는 역할을 할 것이라는 점에서 큰 의미가 있다고 생각합니다. 그리고 이 숙제를 풀어가는 것이야말로, 대한민국이 세계로 나아감에 있어 역사적 아픔을 가진 나라와 화해하고, 평화로운 새 시대를 만들어가는 향도(嚮導)가 되리라고 믿습니다.

베트남에서 만난 친구 용사의 한마디가 떠오릅니다.

"우리가 지금 나아가야 하는 올바른 길은, 어두운 과거를 들추어내어 서로의 아픔을 다시 꺼내 보는 것이 아니라, 그것마저 서로 감싸주고 덮어주어 함께 발 맞춰 나아가는 것이다."

우리는 이제 '아름다운 새 출발'을 한 것입니다. 하지만 앞으로 많은 어려움이 따르리라 생각됩니다. 그리고 저는 그때마다 이 사진집을 보면서 지금 우리가 다짐하는 초심(初心)으로 돌아가려 합니다.

우리나라와 베트남, 두 나라는 강인한 민족입니다. 두 나라가 손을 맞잡고 함께 나아간다면 새로운 태평양 시대에 앞장서는 선두(先頭)의 나라가 될 수 있지 않을까요? 이를 위해 우리 모두 힘과 뜻과 지혜를 한데 모아야 하겠습니다. 그 길에 저도 앞장서겠습니다.

끝으로 고엽제의 아픔 그리고 더 나아가 역사적으로 큰 기록을 남긴 이 사진집의 발간을 다시 한번 축하드리며, 이 소중한 책자를 발간한 후배 마틴 리(Martin Lee, 이용하) 님의 노고에 위로와 격려의 박수를 보냅니다. 앞으로도 멋진 활약 기대하겠습니다. 감사합니다.

서철재

Prologue

나는 1972년 1월, 대한민국의 군인 신분으로 베트남전쟁에 참전했다. 소속부대는 베트남 꾸이년Quy Nhon에 위치한 맹호사단 예하 기갑연대 Binh Khe 작전과 상황실에서 근무했다.

그 위험했던 생사生死의 고개를 무사히 넘어와서 20여 년 전부터 고엽제 병마에 가산을 탕진하고, 가정이 깨지고, 일부는 스스로 목숨을 끊기도 하는 전우들의 딱한 사정과 베트남 현지의 고엽제 제3세대의 뼈아픈 현실을 언론매체를 통하여 듣고 보았다.

베트남 참전 막내인 내가 나서지 않으면 영원히 잊힐 것 같은 두려움에서 카메라를 잡았고, 이를 알리기 위해 56세에 사진에 입문하였으며, 일본 규슈산업대학원 수학 중 졸업논문과 졸업작품의 주제를 '고엽제Agent Orange'로 정했다. 한국 내 보훈병원과 베트남 현지의 고엽제 마을 및 병원을 찾아 호찌민에서부터 하노이까지 3년간 약 4개월 이상 사진 작업을 했다.

아무 희망도 없이 병상에서 신음하는 전우, 대를 이어 지울 수 없는 전쟁의 상처를 안고 태어나 살아가는 어린 환자의 모습, 미처 태어나지도 못하고 포르말린 용액 속에 보관

된 태아를 보고 이 사실을 알리는 것이 베트남전쟁 참전이 내게 준 임무라 생각했다.

이제 역사의 뒤편으로, 서서히 잊혀가는 베트남전쟁의 고엽제 상처, 전쟁 당사국이든 방관국이든 인류 모두의 공동책임의식을 갖고, 베트남 현지의 어린 환자들에게 따뜻한 사랑과 격려가 있어야 할 것이다.

아울러 이 병마가 더 이상 다음 세대로 이어지지 않도록 하루빨리 치료제가 개발되도록 선진 의약제조회사들은 모든 힘을 모아야 할 것이다.

나의 사진이 '전쟁 없는 평화'가 온 세계에 정착되고, 더 이상 이 지구상에서 서로 총부리를 겨누고 상대방의 생명을 빼앗는 만행을 없애는 데 일조하기를 바란다.

자국의 이익을 위하여 타국의 재산과 귀한 생명을 빼앗는 행위는 진정 힘 있는 자의 정의가 아니라고 생각한다.

마틴 리(Martin Lee, 이용하)

사진 작업 지역

고엽제 환자의 실태조사와 국립보훈병원 등 의료시설에서 치료 중인
환자들의 실상을 파악하고 사진으로 기록하였다.

국내   서울보훈병원, 전북고엽제전우회

국외   베트남 호찌민시평화병원, 구찌 지역 고엽제 환자촌, 구찌 지역
고엽제 행사현장, 베트남 남북부 Bin Phouc 고엽제 전문병원, 베
트남 북부 Kwang Trii 지역 독립가옥, 베트남 북구 Thai Bin 지역
독립가옥, 베트남 하노이시우정마을 Friendship Village, 베트남
하노이시평화마을 Peace Village

차 례

추천사 · 5

Prologue · 6

1 **사실을 알리는 것은 정의이다** · 10

2 **베트남전쟁** · 14

3 **참전** · 15

4 **고엽제** · 16

서울보훈병원 · 18

Peace Village | Saigon · 24

Cuchi Village | Saigon · 50

Binh Phouc Village | Saigon · 64

Peace Village | Hanoi · 69

Friendship Villag | Hanoi · 72

Quang Tri Village | Hanoi · 92

Thai Binh | Hanoi · 108

월맹군 요양소 | Hanoi · 114

충격의 현장 | Saigon · 123

노병의 편지 · 134

Epilogue

부록   주월 한국군 편성 · 138
          주월 한국군 주둔 지역 · 139
          한국군 파병 및 철수 연표 · 140
          베트남전쟁과 국제정세 연표 · 141

1

**사실을
알리는 것은
정의이다**

지금부터 20여 년 전에 고엽제Agent Orange를 뉴스와 신문을 통해 접하였다. 보도 내용은 병명 불상의 질환으로 고통받고 있는 참전 군인들이 치료를 요구하는 시위 모습이었다. 참전할 때는 환영 받고 출정했던 용사들인데 이제는 어느 누구도 관심 밖이다. 베트남 참전용사들이 전쟁으로 얻은 질병에 대해 스스로 치료를 요구하는 길거리 시위를 나서지 않으면 안 되는 현실…….

그저 무관심하게 지나가는 행사처럼 보이는 것 같아 억장이 무너지는 심정으로 나날을 보냈다. 그러다가 참전했던 동료 전우와 베트남 참전 전우회 모임을 통하여 고엽제로 고통받고 있는 전우들의 실상을 가까이에서 접하게 되었다.

다시는 이 지구상에!

전쟁이 없는, 평화로운 세상 만들기에 작은 힘이지만 이바지하고자 생명의 고귀함을 알려야겠다는 의무감으로 작업을 하였다.

국립대전현충원

국립서울현충원

2
**베트남
전쟁**

베트남전쟁은 프랑스의 식민지였던 베트남이 프랑스를 물리치고 공산화되려 하자 미국이 도미노이론을 명분으로 베트남에 개입하며 전쟁을 시작하였다. '도미노이론'이란 도미노 카드처럼 한 장이 넘어지면 줄줄이 이어서 넘어지는 것처럼 한 나라가 공산화가 되면 이웃 나라도 같이 공산화된다는 이론이다. 베트남이 공산화되면 라오스, 크메르, 태국 등도 공산화가 될 테니까 미리 막자는 명분으로 미국이 베트남전에 개입한 것이다.

1961년, 미국의 존 F. 케네디(John F. Kennedy) 대통령은 남베트남의 공산화는 동아시아의 공산화를 초래한다고 우려하며 남베트남에 미 정규군을 파병해 군사적 원조를 시작하였다. 그러던 중 1964년, 통킹만 사건이 발생하면서 미국의 존슨 정부는 미군을 직접 전투에 참가시켰고, 1965년 북폭北爆을 시작하면서 전쟁이 본격화되었다. 이때 미국은 한국을 비롯한 25개국에 참전 요청을 했고 그중 7개국이 참전하였다. 한국은 1964년 7월 18일, 비전투부대인 의료지원단과 태권도 교관단 파병을 시작으로 1965년 10월에는 전투부대인 청룡부대와 맹호사단을, 1966년에 백마사단과 주월사 예하 지원부대를 파병하였으며, 1973년 3월 23일, 파리평화회담 합의에 따라 철수하였다.

3

참전

6·25 한국전쟁에 참전했던 베트남 정부의 직접적인 요청과 한국전쟁에서 4만여 명의 전사자를 낸 미국과의 협상을 받아들여 한국은 1965년에 베트남에 파병한다. 연 인원 32만 명이 참전한 국군 최초의 해외 원정군이다.

당시 한국군의 기본전략은 이러했다.

    1. 10명의 적을 잡지 말고 1명의 적을 만들지 말 것.
    2. 100명의 적을 놓치는 한이 있더라도 양민良民을 보호하라.

6·25 전쟁을 경험했던 한국군은 베트남 주민의 생명과 재산을 보호함은 물론이고 문화와 전통과 관습, 종교의 특성 그리고 자존심까지 존중하면서 작전 지역 내의 양민을 보호하고 적극적인 대민지원을 하였다.

작전 지역 내 대민지원으로는,

    1. 의료지원(병원 설립 및 현지인 전문치료기관 운영)
    2. 농업지원(모내기, 추수 등)
    3. 구호물자 공급
    4. 대민건설지원(도로, 교량, 학교, 불교사당 등)
    5. 태권도 등 체육문화 지도로 현지인과 마음의 접촉을 자주 하였다.

한국군의 친절하고 예의 바른 활약에 동병상잔同病相殘의 상처 속에서 힘들어하는 베트남 주민과의 대민관계는 우려의 시선에서 신뢰로 바뀌었다.

4

고엽제

베트남전쟁 기간에 베트콩 V.C. Vietcong의 은둔지와 호찌민 루트 정글지대의 초목을 제거하고 작전지역의 시계視界를 청소하기 위해 다량의 고엽제Agent Orange를 살포하였다. 그중 일부가 미군과 한국군 작전지역에 살포되었다. 이 약품은 인류 역사상 가장 독성이 강한 물질인 다이옥신Dixion이 함유되어 있는데, 이것은 고엽제를 만드는 화학적 과정에서 불순물로 생성된 것이지 의도적으로 첨가된 독극물은 아니다.

다이옥신Dixion의 독성은 청산가리Kaliumcyanid와 비소Arsenic만큼 위험한 화공약품으로 알려져 있다. 다이옥신 1g이면 많은 사람을 병들게 하고 사망까지 이르게 할 수 있는 강한 독극물이다. 이것은 잘 분해되지도 않으며 용해도 되지 않아서 인체에 흡수되어 10~20년의 잠복기를 거쳐 암, 신경계 손상, 기형유발, 독성유전 등의 각종 후유증을 발생시킨다. 참전 미군과 호주군 참전 유엔연합군 장병에게 이 약물이 오염되었고, 종전 후 참전국 장병들은 원인 모를 병에 시달리기 시작했다. 1978년경부터 미국에서는 사회적 문제로 발전하였다.

원인 모를 질병이 고엽제의 후유증인 것으로 판단하여 고통을 호소하는 일부 환자들이 미국정부와 고엽제 제조회사를 상대로 소송을 제기하며 손해배상을 요구하였다. 미 의회는 청문회를 열어 전 주월 미군 총사령관이었던 웨스트 모랜드 육군 대장을 증인으로 청문회에 출석시키는 등 고엽제 후유증은 한때 미국의 정계를 떠들썩하게 했으며 큰 사회문제로 대두되었다.

국내는 고엽제 환자들 대부분은 60세 이상이고, 고엽제 환자들은 집보다는 병원 등에 입원해 치료를 받는다. 베트남 참전 군인 중 고엽제 환자 전문치료기관은 국립 서울보훈병원이다.

사진은 국립 서울보훈병원을 중심으로 베트남 북부 및 남부 고엽제협회의 추천을 받아 현지 수용시설에 입원 중인 고엽제 환자 제3세대와 중부와 북부 지방도시의 마을과 각 가정을 방문하여 작업하였다.

월남전 당시 적의 운둔지 정글을 제거하기 위하여 저공비행으로 고엽제를 살포하는 장면
Spread of the Agent-Orange
The scene of spreading of Agent-Orange by the low altidude flight in order to rid of the jungle
where the enemy is stationed hidden during the Vietnam War.

고엽제가 휩쓸고 간 정글의 황폐화된 모습
The scene of devastated jungle after the Agent-Orange swept away.

위험했던 삶과 죽음의 고개를 무사히 넘어 온 베트남 참전용사들이 고엽제 후유증으로 주저앉아 있는 망연자실함을 글과 사진으로 남기려는 내 생각이 옳은지 그른지조차 판단하기 어려웠다. 다만 있는 사실들과 국민들의 기억에서 사라져가는 희미한 역사적 참상을 사진으로나마 담아 두어야겠다는 사명감을 느끼고 서울보훈병원을 찾아갔다.

전쟁에 참여했던 전우들과 가족들에게 사진을 찍는 이유를 일일이 설명하고 양해를 구했다. 나는 그들에게 찍은 사진으로 논문과 사진집으로, 또 사진전을 열어 세상에 우리들의 이야기를 알리고자 한다고 했다. 그러자 그들은 한결같이 이 사진을 찍으면 보상비가 더 많이 나올 수 있느냐고 물었다. 그들에게 긴 투병생활이 가져 온 생활고와 육체적 아픔은 물론이고 정신적 고통까지 힘겨움이 컸음을 알 수 있었다.

그들이 베트남으로 떠날 때는 국가의 영웅적 환송을 받았으며 그들의 집에는 '참전용사의 집'이라는 문패를 달아 동네의 자랑으로 여기기도 했다. 뿐만 아니라 언론에서도 뉴스마다 첫머리에 월남 소식을 들려주며 격려하고 용기를 북돋워 주었다. 그러나 종전이 되고 귀국하였을 때에는 어느 누구도 참전군인들의 실상을 알리는 데 인색하였다.

그로부터 20여 년이 흐른 90년대 초부터 나타나기 시작한 고엽제 Agent Orange 는 새로운 질환으로 병명조차 확인되지 않은 치료가 거의 불가능한 병으로 알려졌다.

인생의 황금기인 40대.

가족과 함께 가장 행복한 시기를 보내야 하는 시기에 그들은 생전 들어보지 못한 병으로 가족의 생계는 물론 자신의 치료로 가산을 탕진해야 했다.

이 글을 쓰고 있는 지금도 수많은 참전군인들은 국가의 지원이나 도움도 받지 못한 채 생을 마감하고 있다. 집안의 가장이 몇십 년 동안 언제 완치될지 모르는 병과 싸우느라 아무 것도 하지 못하고 오직 정부의 지원만을 간절히 바라고 있다. 이들에게 기초생활수급비는 병원비와 치료비를 감당하기에 턱없이 부족해 기본적인 생활을 해나가기에도 너무나 힘든 현실이다. 전쟁은 이미 끝이 났는데 이들에게 전쟁은 아직 끝나지 않았다. 전우 한 사람, 한 사람을 촬영하면서 보호자의 도움을 받고 보호자의 손길이 닿을 수 있는 사람은 그나마 다행이구나 싶었다. 인공호흡기로 식도까지 확보한 환자들은 중환자실을 방불케 하는 비참한 모습이었다. 게다가 보호자가 없으면 군별, 부대명, 나이, 계급, 병명, 가족사항 등을 기록하기도 어려운 상황들이었다.

나의 작업으로 이들의 앞날에 작은 도움이 되었으면 한다. 환자 전우들이 쾌유하여 가족들과 행복하게 살았으면 하고 간곡히 기원한다.

빠른 쾌유를 빌며

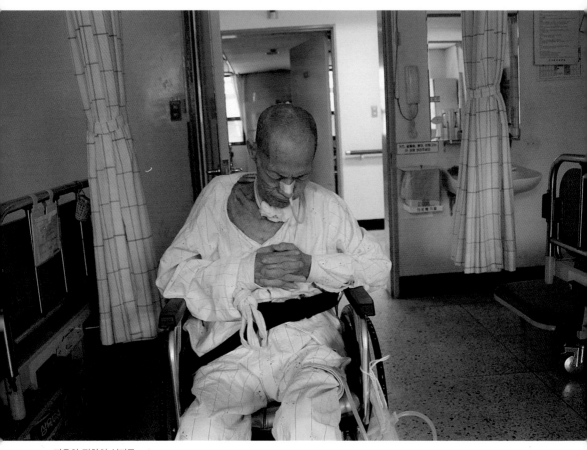

자유와 평화의 십자군

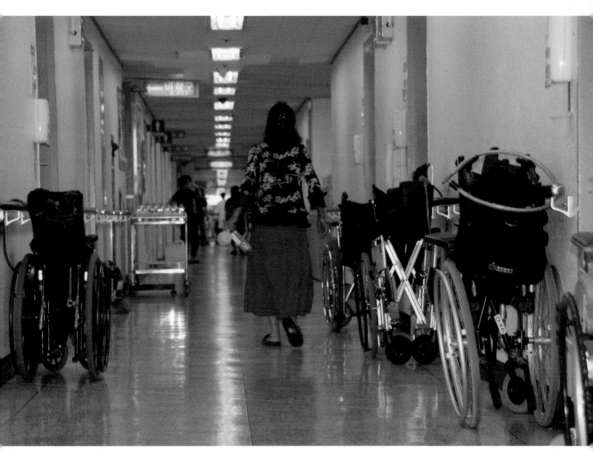

보호자의 뒷모습에서 희망과 행복의 그림자가 피어나기를 바라며

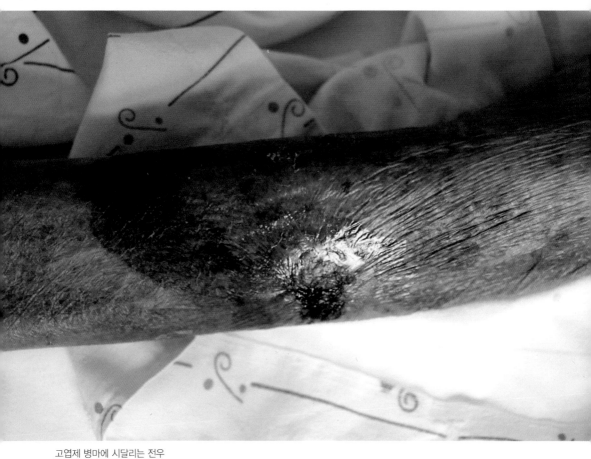

고엽제 병마에 시달리는 전우

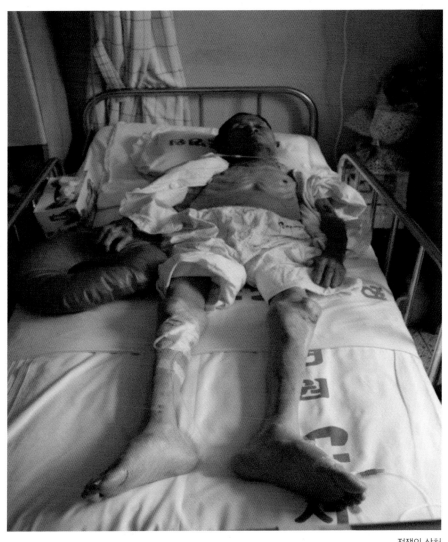

전쟁의 상처
치유하기엔 너무도 힘이 든다
몸도 마음도 이제는 지쳤다

마음의 약속.

지난 40여 년의 세월에 묻힌 전쟁의 상처를 찾아 떠난 베트남 사이공의 평화마을은 나에게 충격이었다.

대를 이은 상처의 현장, 이름하여 고엽제 후유증. 탄생의 신비도, 아름다움도, 반가움도 한순간에 앗아가버린 절망의 시간 속에서 40여 년이 지난 후에도 아물지 않은 이 상처의 현장,

생명의 존귀함을 한순간에 앗아가버린, 전쟁과 대를 이어지는 처참한 현실 앞에서 그 누가 진정한 평화를 위해 살고 있는지……

평화는 누구를 위하여 존재하여야 하는가!

죄 없는 2세를 위하여, 새로이 탄생하는 생명을 위하여, 평화는 존재해야 하고, 또 유지되어야 한다고 피사체를 앞에 두고 몇 번이고 다짐했다.

베트남의 고엽제 환자 1세대는 이미 대다수가 병명도 모른 채 사망하였고, 현재 고엽제 시설에 있는 대다수의 환자는 제3세대 어린이들이라는 사실을 현장을 직접 방문하고서야 처음으로 알게 되었다.

치유될 수 없는 환자를 둔 가정 그리고 환자 본인으로서도 가정에 짐이 된다는 현실이 더욱 참담하고 견디기 어려울 것이다.

다시는 따뜻한 가족 품에 한 가족의 구성원으로 돌아갈 수 없는 어린이들을 보았다. 이들은 치료효과가 불확실한 병명으로 평화마을Peace Village 또는 재활촌Friend Ship Village 등에 집단 수용되어 생활하고 있다.

이 작업을 하기 전까지는 전쟁의 상처가 이렇게까지 깊은 줄은 전혀 상상하지 못했다.

나이 어린 제3세대의 돌이킬 수 없는 상처의 현장에서 비참한 현실을 외면해서는 안 된다는 사명감을 갖게 되었다.

2011년 현재 베트남 전국에서 고엽제 피해를 당한 1세대로부터의 유전, 지하수 등의 오염으로 대를 이은 환자(근거가 확실하지는 않다)가 많다는 사실을 알게 되었다. 남쪽의 호찌민Ho Chi Minh에서부터 수도 하노이Hanoi까지 평화마을Peace Village과 재활촌Friend Ship Village, 환자 거주 독립가옥을 대상으로 작업하였다.

오늘날 우리 인류에게 있어서 400만 명 이상이 동일한 병명으로 병마에 시달리는 경우가 있을지……

세계보건기구WHO와 세계 유수의 제약사는 이 병의 원인 물질을 정확히 밝혀내야 한다. 고엽제Agent Orange에 관한 데이터를 근거로 인류를 구하고, 보건 향상을 위하여 치료와 예방약 개발에 만전을 기해야 할 것이다.

베트남 참전용사 후손이나 고엽제 발생 지역에 거주하는 결혼 적령기인 모든 성인은 2세를 갖기 전에 반드시 반응검사가 필요하다고 본다.

베트남 고엽제협회의 공식 통계에 의하면 현재 500만 명 이상이 고엽제 환자로 등록되어 있다고 한다.

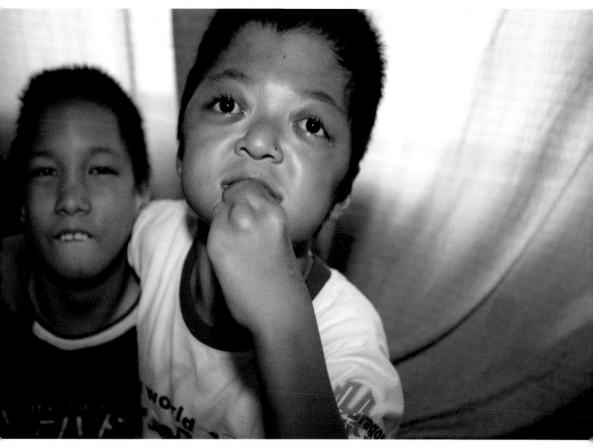

저 눈빛에 눈물을 지우고 희망을

장애를 딛고 일어서다

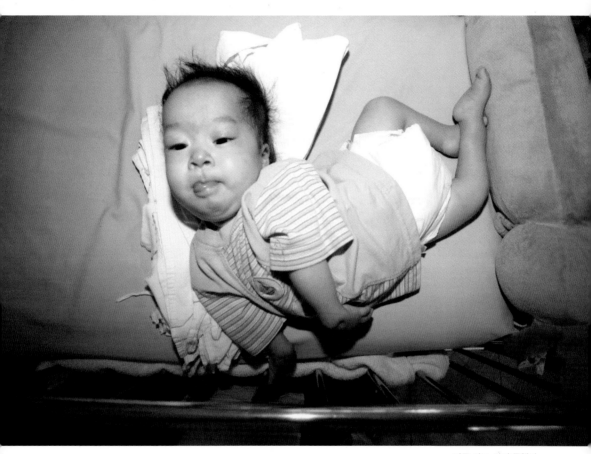

아무 말도 하지 못했다

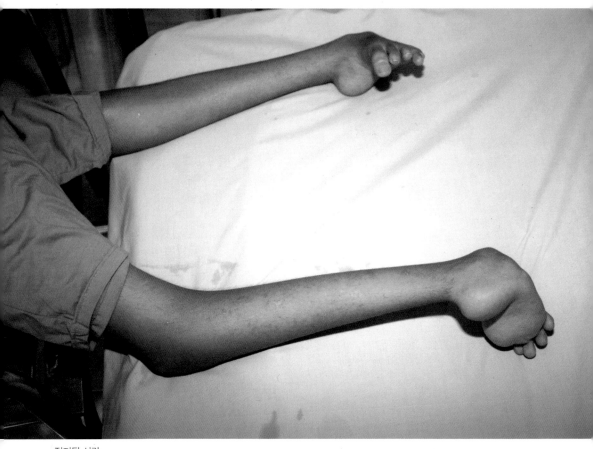

정지된 시간

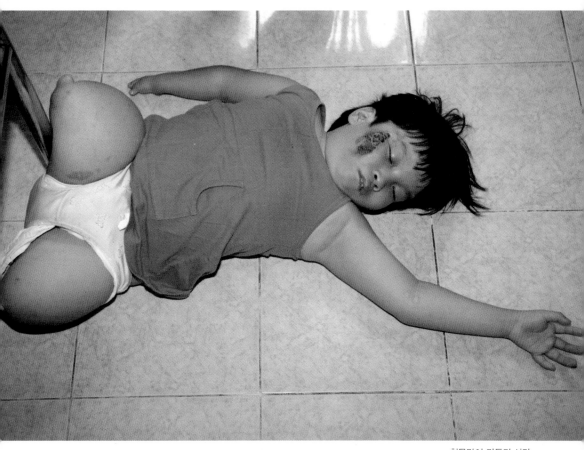

침묵만이 감돌던 시간

29

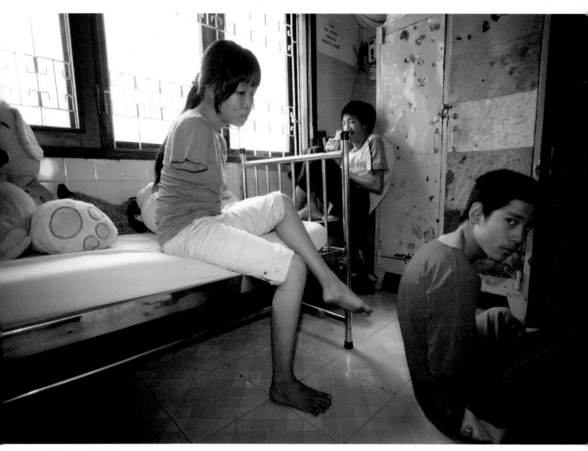

날개를 잃은 소녀

차라리 뒤돌아보지 말 것을

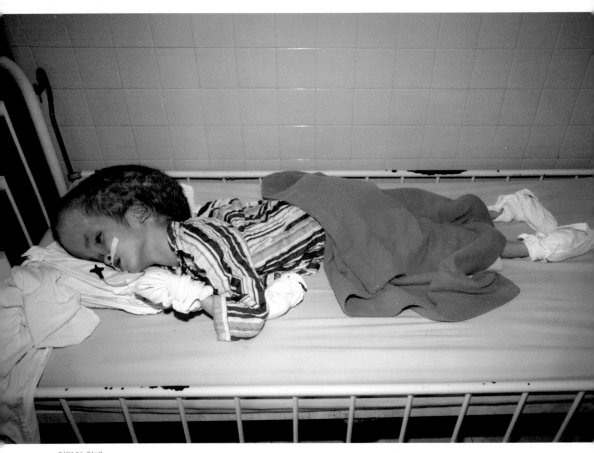

희망의 한계

무엇이 문제인지 말해주세요

육신의 문제부터 정신세계까지

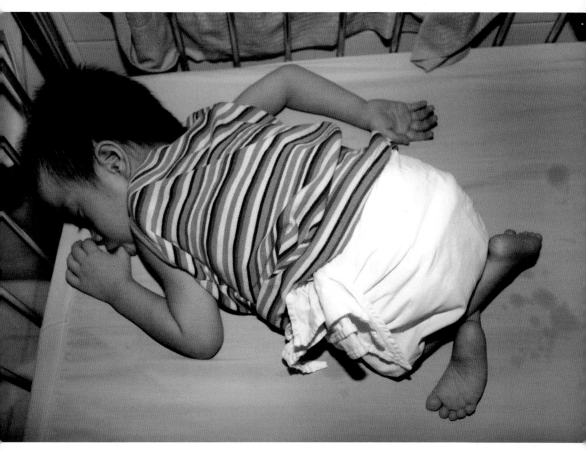

몸은 비록

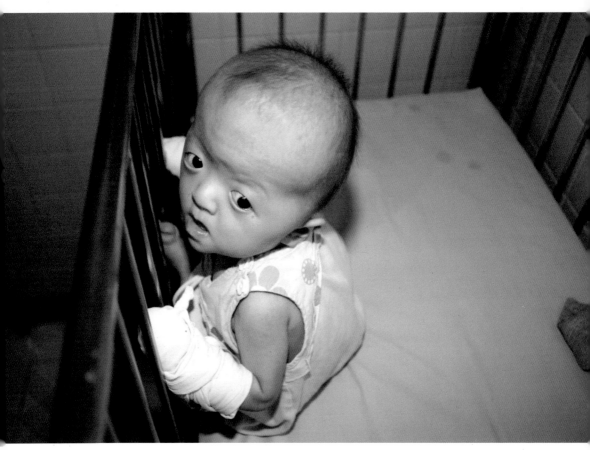

시선도 생각도 정지되다

저 햇살처럼

눈빛으로 말하다

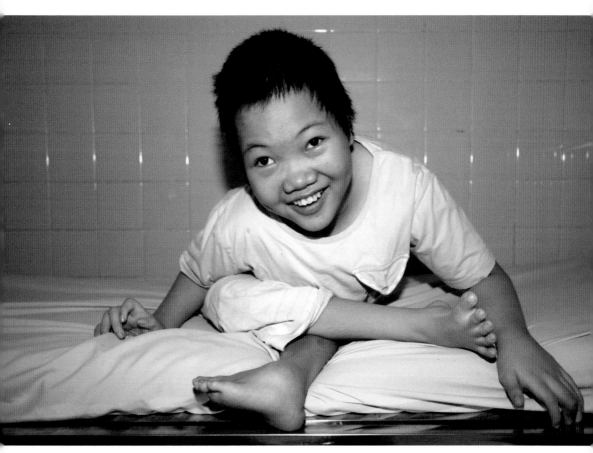

미소와 희망이 동일선상에 존재하기를

힘든 자세가 편안해 보인다

빛은 없었다

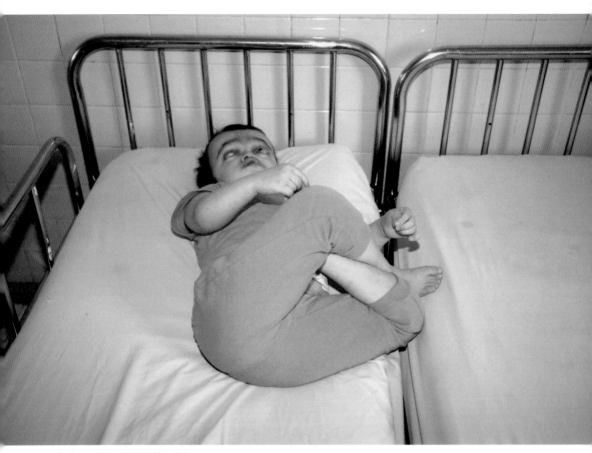

시간이 정지된 순간 침대 위의 적막

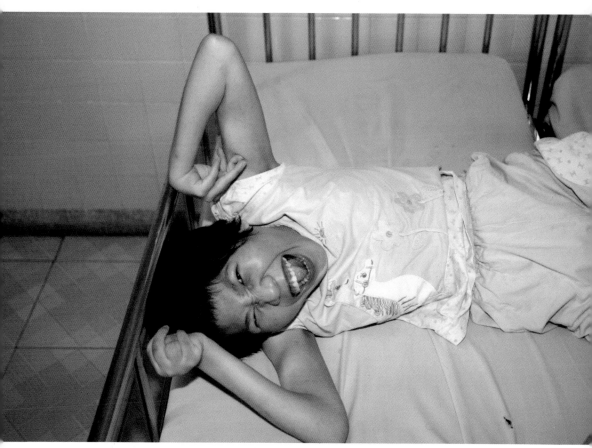

카메라 앞에서 함박웃음을

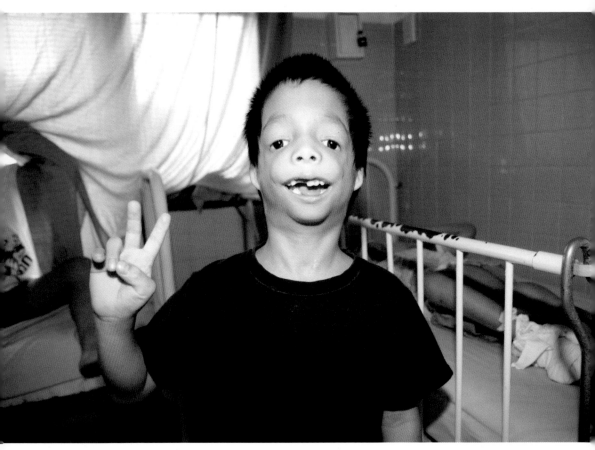

아저씨 'V'

시선 따로 몸짓 따로

이 아이들은 동심 속에서 살고 있다

동심은 사치가 아니라 영양분이다

아직 이 아이들은 모른다. 자신에게 무슨 일이 일어났었는지를

적막

Cuchi Village
Saigon

베트남에서 가장 고엽제 Agent Orange 피해자가 많
다는 구찌 마을을 찾아갔을 때 겉으로 보기에
는 그저 평범한 시골 마을이었다.
가가호호 방문하며 만난 그들은 이미 고인이
된 아버지를 이은 다음 세대였다. 힘든 가정환
경과 개인적으로 치료하기 힘든 상처를 보며 국
가에서는 힘이 없어서 도움을 줄 수 없다는 베
트남의 현실이 막막하여 가슴이 답답했다.
더구나 이 지역의 지하수도 오염이 되었다는데
미래를 예측할 수 없는 현실이 암울하여 더욱
열심히 카메라의 셔터를 눌렀다.

메콩강

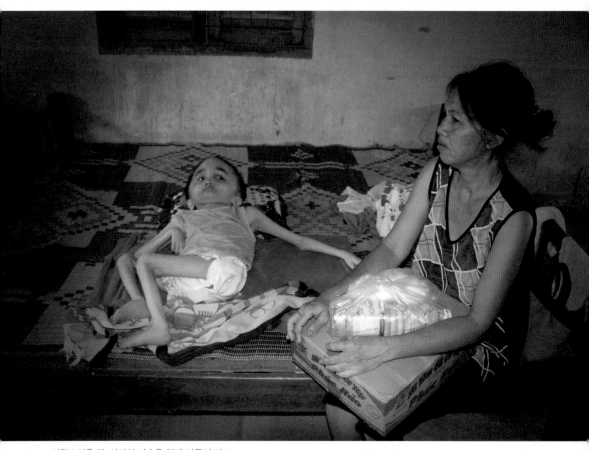

사랑스러운 딸, 어미의 가슴은 검게 타들어 가고

방

희망의 저편

걷지 못하던 청년

엄마와 함께

엄마와 아들

고엽제 2세대

고엽제 행사에서

영원

일어설 수 없는 미소년

환경

엄마와 딸

사이공에서 북서쪽으로 자동차로 5시간 거리를 달려서 찾아간 아주 작은 농촌마을의 고엽제 병원, 오늘은 무료진료 및 위문품을 나누어 주는 날이다. 많은 환자가 이른 아침부터 병원 마당에 모여 있었다.

대부분 보호자가 데리고 온 환자들, 항공기에서 고엽제를 뿌리는 것을 보았다는 노인도 만나보았다. 이곳에서도 1세대는 보이지 않았고, 2~3세대만을 만날 수 있었다.

투정이 심했던 6살 Dieu Band란 사내아이는 아버지에게 의지한 채 두려움 반 호기심 반의 눈초리이다. 다행히 5남매 중 나머지 4명은 양호하다고 하니 다행이다. 온몸이 꼬여서 평평한 바닥에서는 잠을 못 자고, 해먹(기둥과 기둥 사이에 연결하는 그물침대)에서 겨우 잠을 잔다고 한다.

한순간에 끝나지 않고 지속하여 이어지는 상처, 그 해답은 무엇인지……

진료 대기 중

생업도 잊은 채 아이와 함께

몸이 뒤틀린 아이

고엽제 전문병원

Peace Village
Hanoi

2010년 12월, 베트남 하노이에서 평화의 마을 Peace Village과 재활촌 Friendship Village에서 촬영한 제 3세대 어린이들의 사진은 나의 마지막 희망마저 무너져 내리게 했다.

그토록 참혹한 현장에서 잊고 싶은 전쟁의 상처와 흔적들을 냉철한 이성으로 전달하기에 너무 힘이 들었다. 그러나 포토저널리스트로서의 역할을 되새기며 이를 악물고 사진의 특성을 살려 이 시대의 아픔을 정확하게 기록하려 애썼다.

후대에 나의 사진들이 베트남전쟁과 고엽제 후유증에 관한 역사가 쓰일 때 진실하고 올바르게 전해지는 데 도움이 되기를 바란다. 그리하여 조국과 가족을 사랑한 참전용사들과 고엽제 후유증으로 아직도 고통 받는 수많은 사람들에게 작은 위안이 되었으면 한다.

저 밖으로 나가고 싶어요

사춘기 소년

2010년과 2011년, 두 해에 걸쳐서 Friendship Village를 방문하였다.

전년도에 보았던 아이들이 일 년 만에 제법 커져서 대견스러웠다.

나를 알아보고 반갑다고 달려와서 껴안고는 놓지 않는 천진난만한 아이들, 사춘기인 듯 눈웃음만 치면서 멀리서 바라보기만 하는 아이.

모두 다 안고 싶다. 건강하게 잘 커 달라고 기도했다.

남녀 100여 명이 집단으로 모여서 사는 곳, Friendship Village.

아이들은 그래도 상태가 조금은 나아서 이곳에 수용되어 일부는 공부도 하고, 일부는 기술을 배워 사회적응 훈련을 받는 곳이었다.

어떤 아이들은 숫자와 글을 배우고, 어떤 아이들은 봉재, 조화만들기, 자수, 컴퓨터 교육을 받고 있었다.

그러나 수업 진행이 거의 불가능한 아이가 절반을 넘고 있었다.

대부분의 시설은 미국 , 일본, 독일, 호주, 캐나다, 프랑스 등의 국가에서 지원해서 건물도 짓고 운영에도 도움을 주고 있었다.

미국 등지에서 젊은 대학생들이 NGO 활동 자원봉사로 이곳에 와서 나름의 노력으로 가르치고 있었다. 자원봉사자들은 쉬는 시간에 이곳의 아이들과 공놀이와 자전거를 타면서 침울한 아이들의 기분전환을 위한 동기부여에 한몫을 하고 있었다.

나이가 든 30세 이하의 청년들은 기술이 좋아 제대로 된 제품을 만들고 있었다. 제품은 판매용이 아닌 실습 수준이었다. 하루빨리 재활교육이 성과를 거두어 베트남 사회의 일꾼으로 나아가기를 바란다. 가정도 이루고 행복한 삶을 영위하기를 바란다.

바라보며 미소 지을 수 있는 마을에서.

내일도 이 자리에서

수업 중

시선이 없었다

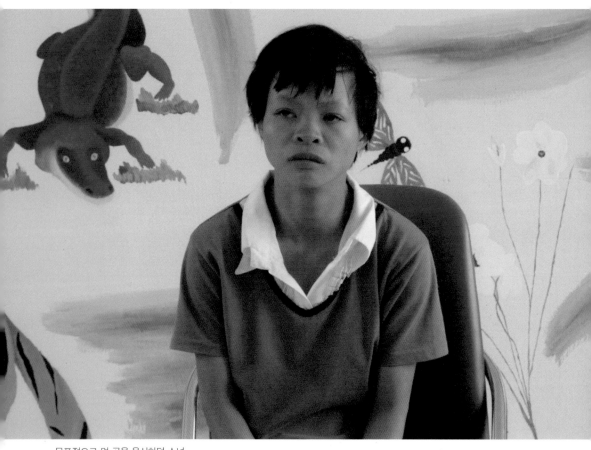

무표정으로 먼 곳을 응시하던 소녀

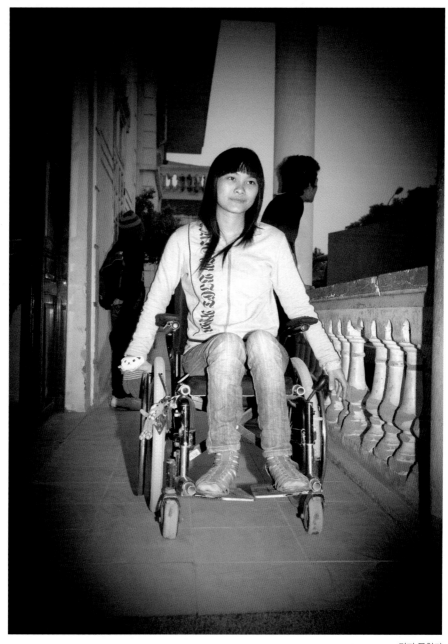

걷지 못한다

친구

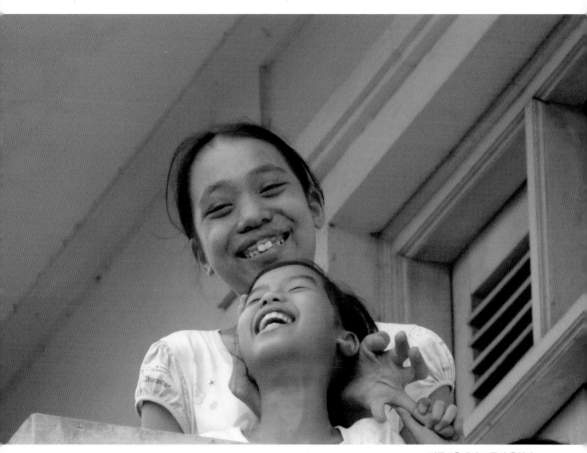

건물 2층에서 그들이 웃었다
웃음소리는 들리지 않는다

온종일 이 자세로 먼 곳을 본다

성장이 정지된 청년

공부방 가는 길

표정 없는 기다림

놀이터

조화를 만드는 처녀

혼자 노는 아이

정신을 잃어버린 아들과 마음 아픈 엄마

문 열어 달라고

누군가를 기다리는 아이들

이 즐거움이 오래도록

수업중

꽝찌Qwang Tri, 베트남전쟁 최대의 북부 격전지. 베트남 중부에서 북쪽에 위치한 대도시로, 연합군의 타깃이 되어 항공 폭격을 많이 받은 지역이다.

전날 오후 3시에 하노이에서 출발하여 다음 날 새벽 4시경에 꽝찌 호텔 앞에 도착하였다. 해가 뜨기 전인 이른 새벽이어서 호텔이 문이 열리지 않았고, 거리를 돌아다니기에는 안개가 너무 자욱하여 어느 방향이 도심으로 가는 길인지도 알 수 없었다.

아침 8시에 꽝찌 고엽제 회장을 만나기로 했으니, 나만의 시간이 약 4시간여 주어진 셈이었다. 무작정 2시간만 걸어보기로 하였다. 가끔 자동차와 화물차 그리고 오토바이가 돌아다니는 이른 새벽. 간헐적으로 들려오는 닭 우는 소리만이 위안이 되었다.

오전 8시에 꽝찌 회장을 만나 작업에 대해 설명하고, 승용차로 환자의 집을 방문하였다.

나의 테마는 음악을 하는 환자 가족을 찍는 것이었다. 예상대로 걷지는 못하지만 기타를 치는 36세의 가장, 가족과 함께 만났다. 이 가정이 첫 번째 작업 대상이었다.

아이들은 멀쩡한데, 아버지만 걷지 못하는 이 가족은 고엽제 아버지와 정상인 어머니 그리고 아들 하나, 딸 하나인데 다음 세대는 과연 안전할 지 불안하였다.

다음 세대는 어떠한 상황에도 이 병마가 이어지지 않기를 바라며 고엽제 피해자 및 그 가족의 사진을 찍었다.

기타의 선율이 행복이었으면

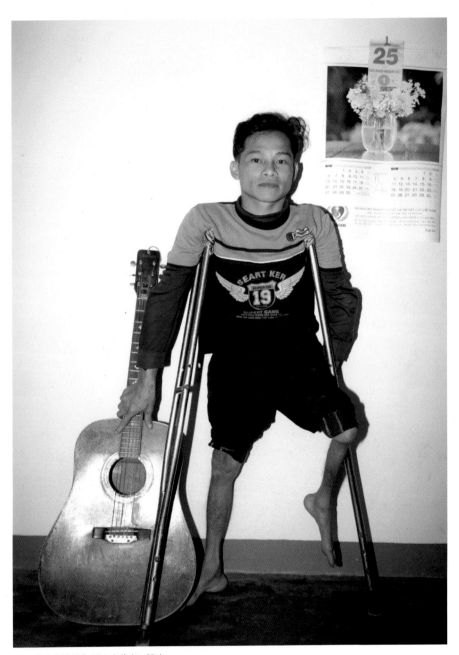

그는 나에게 '음악은 행복이다'라고 했다

상체를 못 일으킨다

모두 기어 다니는 아이들(농촌 밀림 지역)

거실

단란했던 부부

가족 사진, 표창장

온종일 움직일 수 없는 데도 잘 참는 아이

부엌

부모의 고통을 모르는 형제

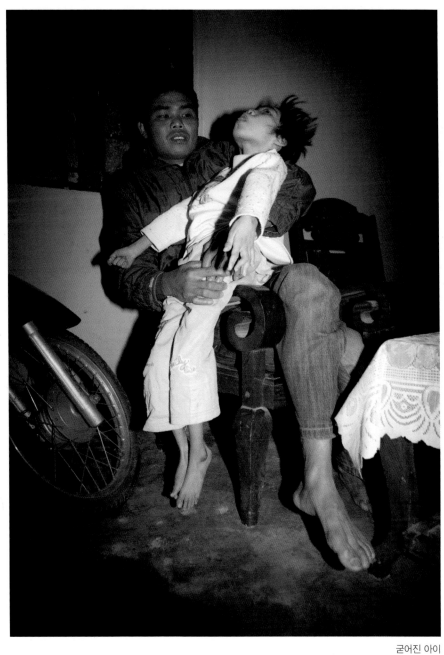

굳어진 아이

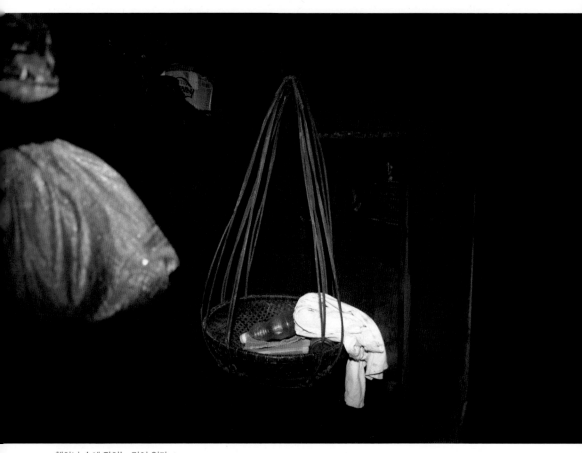

휑하니 손에 잡히는 것이 없다

표정이 없는 가족

이 가정에 행복의 빛이

정글 속 농촌 골방에서 몸을 떨면서 부르던 이름, 그것은 평화

아침 6시에 일어나자마자 시외버스 터미널로 갔다. 이른 아침이지만 많은 사람들이 하노이 근교로 이동하기 위해 모여 들고 있었다. 타이빈 Thai Binh은 하노이에서 동쪽에 위치한 버스로 4시간 거리에 있다. 크기는 중소규모의 도시이다.

타이빈 고엽제 회장을 만나서 고엽제 피해자들이 살고 있는 마을과 피해자 가족들을 만나러 가는 길이었다. 타이빈에서 택시를 타고 고엽제협회를 찾아 책임자와 인사를 나누고 오토바이로 자가용이 있는 곳까지 다시 이동하였다. 그런 다음 고엽제협회 회장이 운전하는 자가용을 타고 겨우 환자의 집을 방문할 수 있었다.

타이빈은 군수품 공장이 있던 곳으로 전쟁 당시 인구 밀도가 높았다고 한다. 그래서 미군의 항공 포격을 집중적으로 받았고 고엽제를 많이 살포했던 지역이어서 피해자도 많다고 했다. 하노이 고엽제본부를 통해 이 사실을 알게 되어 이곳을 방문하게 된 것이다.

호찌민에서는 집단시설에 수용된 아이들을 촬영하였으므로 이곳에서는 가족의 품에서 보호받고 있는 아이들을 촬영하였다. 또한 베트남은 지도로 볼 때 남북으로 길게 뻗어 있는 나라이므로 북쪽을 촬영하지 않고 베트남의 고엽제 실태를 제대로 이야기할 수 없을 것 같았다. 그래서 온전한 다큐멘터리 사진과 내실 있는 자료를 준비하기 위해 네 번째로 방문하였다.

어린이들의 극심한 피해상황은 남과 북이 다르지 않았다. 독한 다이옥신 물질로 인한 병마가 대를 이어 발병한다는 사실과 치유가 불가능하다는 사실에 더욱 가슴이 저려왔다. 평범한 농촌 마을에 집집마다 성장이 멈춘 아이들이 작은 희망도 가지지 못한 채 매일매일의 삶을 이어가고 있었다.

하지가 구겨진 딸을 돌보는 아버지, 아픈 아들을 안고 눈물을 흘리는 월맹군 아버지, 하루 종일 알아들을 수 없는 소리를 지르며 마당을 맴도는 딸과 용변을 가리지 못해 아랫도리를 벗겨 놓고 안타까워하는 어머니, 그 딸이 흘리는 눈물의 의미를 우리들은 애써 모르는 체하고 있는 것이 아닐까?

어둠만이 도도히 주위를 흐르고 있었다.

하지가 구겨져 태어난 불구의 딸

알아들을 수 없는 괴성을 지르며 집 마당을 돌고 도는 장성한 딸

때로는 눈물도 흘리는 딸
우리는 이 눈물의 의미를 알고도 모른 체하는 것은 아닐지

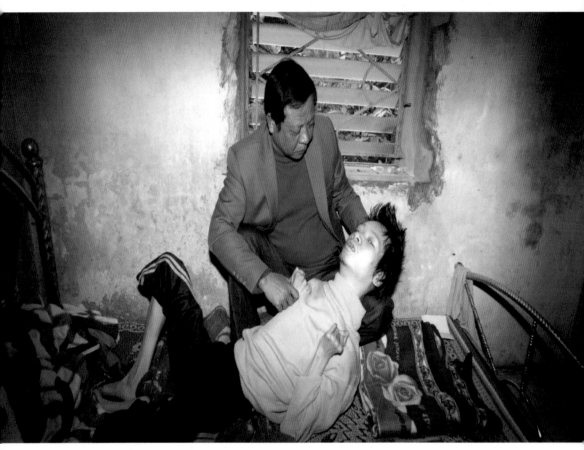

월맹군 출신 아버지의 눈물

삶의 터전

월맹군 요양소
Hanoi

하노이에서 1시간 남짓한 거리에 **Friend ship Village**가 있고, 그 뒤에 월맹 정규군 숙소가 자리 잡고 있었다.

2010년 겨울, 방문했을 때에는 없던 건물이 새로이 건축되어 있었다. 그 시설에 노후의 월맹 정규군 출신들이 은퇴 후의 평온한 시간을 보내고 있었다.

월남의 현실을 생각할 때에 좋은 시설에 편안한 삶을 보낼 수 있도록 전쟁참전용사에 대한 정부의 배려를 볼 수 있었다.

모두 남자들만 있는 것으로 보아 배우자가 없는 독거노인이라는 생각이 들었다.

한편에서는 장기 같은 게임을 하고, 피리를 부는 사람, 책을 읽고 있는 독서광, 이 방 저 방에 모여서 그들만의 소재로 대화를 주고받는 곳에 통역 여직원과 내가 방문을 하였다.

통역은 나를 사진가라고 소개하고 덧붙여서 한국군 맹호 출신이라고 소개하자, 약간의 침묵과 함께 놀라는 분위기 그리고 서먹한 시간이 흐르기도 했었다.

다시 통역이 나를 고엽제의 상처를 작업하는 작가이며, 베트남의 나이 어린 제3세대의 고엽제 상처를 촬영하고 있으며, **Friend ship Village**에서 작업하던 중 참전용사가 있다고 하여 방문하게 되었다고 하자 다소 편안한 분위기가 조성되었다.

아마도 전쟁 당시 서로 총부리를 겨누었던 적국인 한국군 맹호 출신 병사를 처음 만나보고는 경계심도 일었겠지만, 바로 우리는 악수를 나누고 친구처럼 편안한 관계가 되었다.

내가 사진을 찍어주겠다고 하자, 모두가 환영하며 이 방 저 방에서 옷들을 갈아입고 어디에서 찍는 것이 좋겠느냐고 하면서 군복을 입고 훈장 달린 코트를 찾아 입고 서로 빨리 찍으려고 줄을 서는 모습을 보면서 어제의 적군이 오늘의 친구가 된 기분이었다.

전쟁은 승자나 패자나 모두 동일선상에서 괴로운 것이다. 한 발만 돌아서서 보면, 서로의 평화도 멀지 않은 곳에 자리하고 있음을 깨닫게 한다.

이 평화가 오기까지 얼마나 많은 희생이 있었는가!

수많은 전우들과 적국인 월맹의 군인들이 가족을 떠나 전선에서 서로의 가슴에 총부리를 마주하며 상대의 생명을 빼앗았던 전쟁을 다시는 이 지구상에서 재발되지 않도록 우리 모두는 노력해야 한다는 다짐을 하게 한다.

시설에 보호 중인 노병 중 앳되어 보이는 이들은 아마도, 우리보다 어린 나이에 군에 입대하여 베트남전쟁에 참전한 것으로 생각되었다.

베트남의 경제 여건에 비해 매우 훌륭한 시설에서 보호 중인 것으로 보아, 참전용사에 대한 배려가 여타 국민에 비해 지대함을 느끼는 하루였다. 촬영한 개인사진을 모두 인화하여 통역 편에 보내며 그들의 건투를 빌었다.

사진을 찍어준다고 하니,
어느 틈엔가 군복에 훈장을 달고 나타난 퇴역 월맹군 군인들

훈장이 자랑스러운 퇴역 군인

참전용사의 노후를 책임지는 나라

오랜만에 군복을 입고서

과연 전쟁의 의미는 무엇인가

이들 나름의 군인 정신

맹호 출신 사진가와의 만남

어제는 적, 오늘은 친구

사이공 시내에 위치한 **Peace Village.**
이곳에서 고엽제로 고통받는 제3세대의 어린
상처를 보고 놀란 가슴을 제대로 안정시키지도
못한 채 방문한 곳은 굳게 닫힌 철제문이 있는
비공개의 방이었다.
그곳은 커다란 자물통이 채워져 있었으며, 무언
가 비밀스러운 쉽게 보여주지 않는 곳이란 것을
직감적으로 느끼게 했다.
이름하여, 포르말린 용액 속의 태어나지 못한
생명들이었다.
한국에서 고엽제 전우들의 상처를 보고 놀란
가슴에 이어지는 제3세대의 상처는 말로는 표
현조차 하기 힘든 처절함이었다.
포토 저널리스트로서의 책임감이 여기서 무너
지는가. 나 자신과의 충돌이 크게 요동을 쳤다.
이것은 아니라고…… 어찌 이러한 일들이 전쟁
의 상처로 남게 되었는지…….

누구의 잘못 이전에 치유될 수 없는 상처라는
생각에 셔터를 누르는 것조차도 사치라는 생각
을 했다.
촬영하면서 미안한 마음 그리고 그 어머니와 가
족의 상처를 생각했다. 다시는 어떠한 일이 있
어도, 화학무기는 사용해서는 안 된다는 굳은
생각을 했다.
분쟁은 당대에 끝나야 된다는 생각과 함께…….
다음 세대까지 이어지는 돌이킬 수 없는 전쟁을
이 지구상에 영원히 근절되어져야 한다.
그 누구도 예측하지 못한 고엽제 Agent Orange의
가공할 피해사례들. 우리 모두 지혜를 모아 대를
이어 발병하는 이 물질의 독성을 막아야 한다.
그것이 우리 건강한 사람의 의무가 아닐까.

태어나지 못하고 포르말린 용액이 담긴 유리병 안에 갇혀 있는 태아

제3세대3rd Generation의 참상

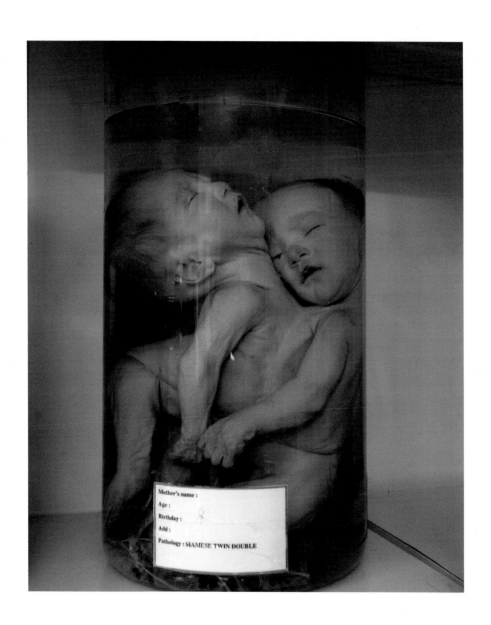

Mother's name :

Age :

Birthday :

Add :

Pathology : SIAMESE TWIN DOUBLE

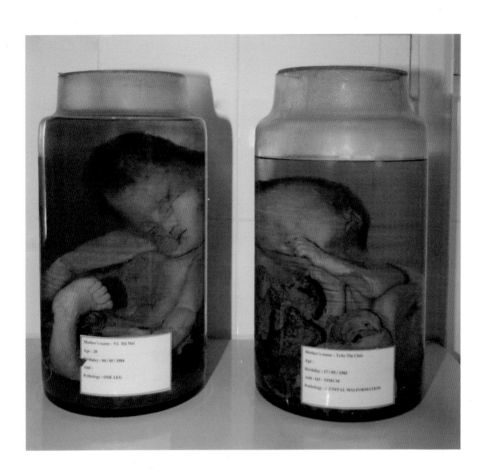

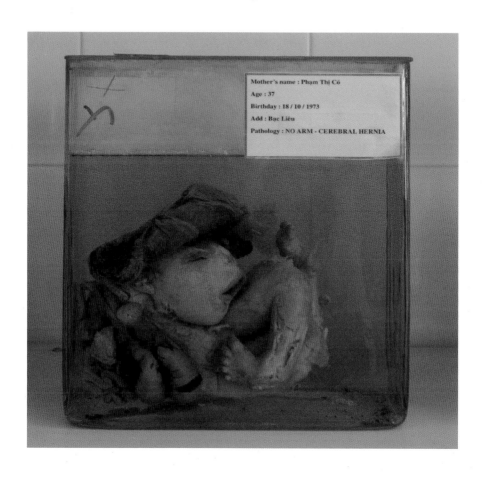

Mother's name : Phạm Thị Có
Age : 37
Birthday : 18 / 10 / 1973
Add : Bạc Liêu
Pathology : NO ARM - CEREBRAL HERNIA

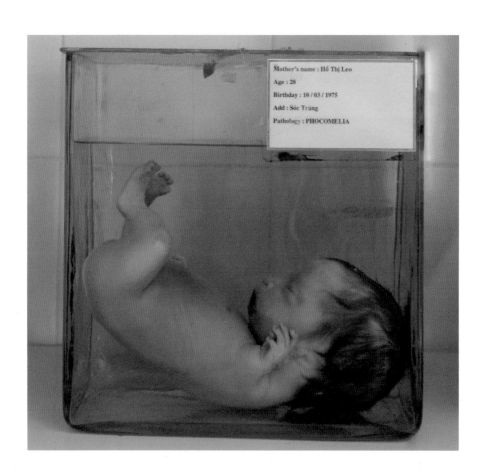

Mother's name : Hồ Thị Leo

Age : 28

Birthday : 10 / 03 / 1975

Add : Sóc Trăng

Pathology : PHOCOMELIA

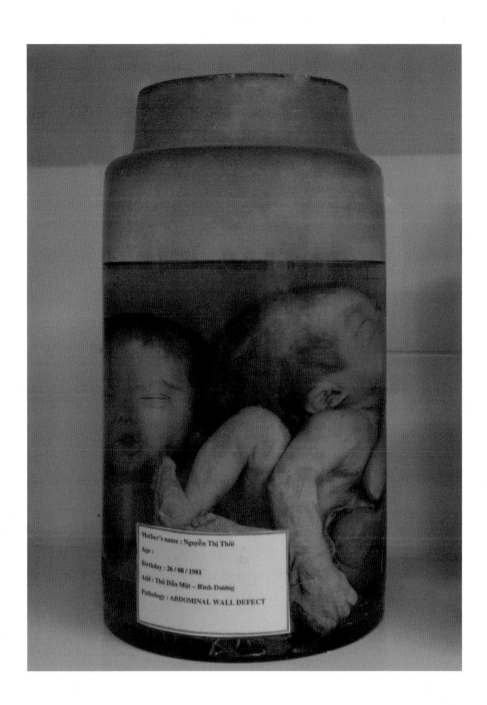

Mother's name : Nguyễn Thị Thôi
Age :
Birthday : 26 / 08 / 1981
Add : Thủ Dầu Một – Bình Dương
Pathology : ABDOMINAL WALL DEFECT

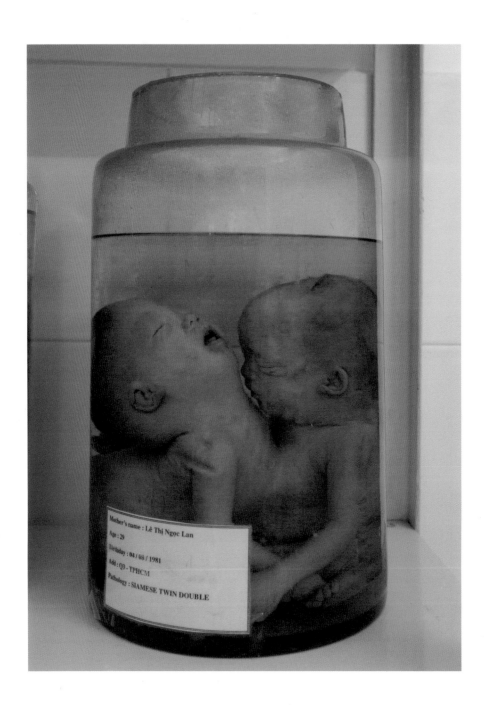

Mother's name : Lê Thị Ngọc Lan
Age : 29
Birthday : 04 / 08 / 1981
Add : Q3 - TPHCM
Pathology : SIAMESE TWIN DOUBLE

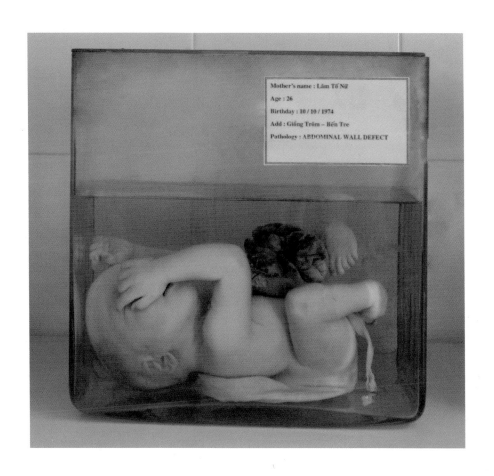

Mother's name : Lâm Tố Nữ

Age : 26

Birthday : 10 / 10 / 1974

Add : Giồng Trôm – Bến Tre

Pathology : ABDOMINAL WALL DEFECT

Mother's name :
Age :
Birthday :
Add :
Pathology : PARTIAL MOLE

Mother's name :
Age :
Birthday :
Add :
Pathology : PREMATURE (6 MONTHS)

노병의 편지
A Letter of Old Soldier

국립묘지에 잠들어 있는 소대장님께

국립묘지에 고이 잠들어 있는 김진홍 소대장님, 안녕하세요?
낯설고 물도 설은 이역만리 월남 땅 앙케 패스 19번 도로 Q커브 공터 지점에서 앙케 작전 출동 첫
날, 적 월맹군으로부터 기습공격을 받고 꽃다운 젊은 청춘을 피어 보지도 못하고 저세상으로 떠나
가신 지도 어언 40여 년이란 세월이 흘러군요.

소대장님!
오늘은 소대장님이 계시는 저승 소식이 너무나 궁금하여 가물거리는 기억을 되살려 이렇게 두서없
이 편지를 쓰게 되었습니다. 그곳 저승 생활은 어떠하신지요? 아마도 잘 계시고 있겠지요? 그날 그
장소에서 소대장님과 함께 저세상으로 동행한 수색중대 제1소대 전우들과 제1소대장 임진우 중위
님도 잘 계시고 있는지요?
그 치열하고 처절했던 앙케전투에서 고엽제 비를 맞고 구사일생으로 살아 돌아온 전우들도 행복
하지는 못했습니다. 그 몹쓸 다이옥신 고엽제에 피폭되어 평생 동안 정상적인 사회생활을 하지 못
하고 고통스럽게 살아가다가 결국은 가족들에게까지 무거운 짐만 지어놓고 한 많은 이 세상을 하
직하고 말았습니다. 지금도 고엽제 병마에 시달리며 고통스럽게 살고 있는 전우들도 곧 저세상으
로 갈 것이란 생각에, 소대장님이 계시는 그곳 저승 소식을 무척 알고 싶어 합니다.
"정말 지옥과 천당, 극락이 존재하고 있는지요?"
그곳 저승 실정을 알고 있는 전우들이 아무도 없기 때문에, 전전긍긍하면서 종교에 의지해서 살아
가는 전우들이 많습니다. 지옥에 떨어지지 않고 천당과 극락으로 가기 위해서 말입니다.
아마도 소대장님은 잘 알고 계시겠지요?

소대장님!
앙케전투에서 우리 수색중대는 정말 억울했습니다. 우리 수색중대는 월맹군으로부터 세 번씩이나
기습공격을 받고 엄청난 피해와 희생을 치루고 말았습니다.
그러나 우리 중대는 하늘의 도우심과 끈질긴 생명력, 애국애족에 불타는 희생정신으로 오뚝이처럼
다시 일어났습니다. 월맹군 제3사단 12연대가 천혜의 요새와 같은 벙커 속에서 철통같이 방어 작전

을 하고 있는 앙케 패스 638고지를 인해전술 작전으로 두 번씩이나 공격하여, 천신만고 끝에 638고지를 탈환하여, 마침내 우리 수색중대는 앙케전투 승리의 주역이 되었습니다.

그런데 우리 수색중대가 세운 전공은 어이없이 사라져 버렸습니다. 또, 수색중대의 전투상보(전투일지)마저 누락시켜 버렸습니다. 한 많은 앙케전투의 진실이 왜곡된 것을 알면서도 보안사항이란 빌미로 앞으로 10년 동안은 "이 비밀을 발설하면 엄벌에 처한다" 는 강요 때문에 한마디 말도 못하고 지내왔습니다.

그런데 굴절된 역사 속에 영원히 묻힐 뻔했던, 왜곡되었던 앙케전투의 진실이 밝혀지고 말았습니다. 1975년 4월 30일 10시 20분에 월남군은 월맹군에게 무조건 항복을 선언하였습니다. 따라서 월남공화국은 역사의 무대 뒤로 영원히 사라지고 말았습니다. 월남공화국이 패망한 지, 약 17년이 지난 후, 베트남 사회주의공화국과 우리나라는 국교, 수교에 합의하였습니다. 양국이 수교에 대한 경축기념으로 MBC TV방송국에서 특집방송을 방영하기 위해, 앙케전투 당시에 638고지를 방어했던 월맹군 특공대 장교와 인터뷰를 하였습니다. 월남 전사에서 최대 격전지 앙케 패스 638고지 정상에서 그 월맹군 장교는 이렇게 증언을 하였습니다.

그때 한국군(따이한)은 쓰러지고 쓰러져도 인해전술 작전으로 계속 밀고 올라오는 바람에 어쩔 수 없이 후퇴하지 않을 수 없었다고 증언했습니다. 서로가 총부리를 겨누며 죽이고 죽이던 적군이었던 월맹군 장교가 수색중대가 펼쳤던 작전을, 진실 그대로 증언하고 있다는 것이 참으로 아이러니 했습니다.

소대장님!

그때 제가 대필했던 펜팔편지, 탤런트 지망생이고, 빼어난 미모라고 알려졌던 그 여대생 기억나십니까? '권 병장, 너, 각오해! 만일 편지 답장이 오지 않으면 알지?' 소대장님의 그 늠름한 목소리가 지금도 내 귓전에 쩌렁쩌렁 하게 들려오는 것 같습니다. 상대가 탤런트 지망생이고 빼어난 미모의 여대생이란 정보에, 콧대가 높을 대로 높겠구나 하는 생각이 들어 무척 긴장했습니다. 온갖 미사여구를 다 동원하고도 마음이 놓이지 않아, 연대전술기지 내 미니동물원에서 사육하고 있는 공작새 깃털을, 밤에 아무도 모르게 가위로 잘라 와서 편지 봉투 속에 넣어 보냈지요.

권 병장의 이 같은 정성에 감동을 받았는지? 소대장님이 전사한 후, 그녀한테서 편지 답장이 왔습니다. 김 중위님의 편지 첫 구절에 '폭음만이 귓전을 울리는 전선의 밤입니다.' 라는 사연이 전혀

실감을 못 느낄 만큼, 이곳 고국의 밤하늘에는 별들만이 속삭이듯 반짝거리는 평화로운 밤입니다. 이 밤에 김 중위님의 늠름한 모습을 그리면서 MBC '한 밤의 음악편지' 담당자에게 김 중위님에게 보내는 사연을 신청했다는 내용과 함께, 생전 처음으로 받아본 귀하고 귀한 신비스런 공작새 깃털과 편지 잘 받았으며, 이번 탤런트 시험에 무난히 합격했다는 절절한 내용의 편지 답장이 왔었습니다. 아마 그 빼어난 미모의 여대생도 지금쯤은 40여 년이란 모진 세월의 세파 속에 할머니가 되어 있겠지요.

소대장님!
이제 권 병장도 소대장님 곁으로 가야 될 것 같습니다. 그 몹쓸 고엽제 병마와 싸울 여력이 다 소진된 것 같습니다. 만나게 되면 상상을 초월한 이곳 세상의 발전상을 보고드리겠습니다.
안녕히 계십시오.

이승에서 권 병장 올림

Epilogue

2010년부터 3년간 4회에 걸쳐서 상아의 나라 베트남에 고엽제 실태조사 및 환자들을 촬영하고자 방문하였다. 이미 서울보훈병원 전우들의 촬영을 끝낸 후라 크게 부담을 갖지 않고 현지 환자들의 실상을 알고 졸업 논문과 졸업 사진전도 완벽하게 준비하고자 하였다. 처음 방문한 호찌민의 평화마을에서 본 제3세대(15세 이하)의 상처는 보지 않은 것만 못하다고 할 수 있겠다.

'전쟁의 상처'를 테마로 참전전우들의 고엽제 환자의 실상을 사진에 담고자 하였는데 현지의 제3세대의 상처는 차마 사진으로도 담기가 어려웠다. 방문 첫날 소감은 놀라움과 미안함, 그리고 참전 전우로서 마음이 너무도 아파 셔터를 누르는 것조차 사치라는 생각이 들었다. 그래도 어린아이들이라 자신의 상처는 아랑곳 없이 반갑다고 달려드는 아이들을 차마 뿌리치지 못하고 부둥켜 안고서 마음의 눈물을 흘렸다.

이들의 깊은 상처는 '어른이 저질러 놓은 이미 준비되었던 상처'라는 생각에 마음이 아팠고 '전쟁은 인류의 적'이라는 걸 절실하게 느끼게 했다. 대를 이은 이들의 상처를 세상에 알리는 일이 참전용사인 사진가로서의 책임과 임무라는 생각이 들었다. 이는 우리 한국의 참전 고엽제 환자의 상처와 동일선상에서 마음으로 느끼며 작품을 준비하였다.

어렵고 힘들었던 시간을 뒤로하고, 이제 나의 첫 번째 사진집을 준비하다 보니 이 사진집은 나의 힘으로 준비하는 것이 아니고, 사진 공부에 많은 도움을 주신 은사님 그리고 선배님과 참전전우 그리고 친구들의 격려와 용기와 사랑이 큰 힘 되었다고 생각한다.

우리에게 주어진 인생의 무대에서 삶이 항상 풍요롭고 행복한 환경이 주어지기를 바랄 뿐이다.

주월 한국군 편성

주월 한국군사령부

야전사령부

수도사단 (맹호부대)

제9사단 (백마부대)

제2해병여단 (청룡부대)

건설지원단
(비둘기부대)

100군수사령부
(십자성부대)

해군 수송전대
(백구부대)

공군지원단 (은마부대)

태권도교관단

사진으로 본
베트남전쟁과 한국군에서 발췌

중국

한국군 주둔지역

하이난섬

7도선

라오스

캄보디아

남베트남

다낭 : 십자성 1지원단 11지원대대
(1966. 9. 19~1972. 1. 29)

호이안 : 청룡3차주둔(1968. 1. 7~72. 1. 29)

쭈라이 : 청룡2차주둔(1966. 9. 19~1968. 1. 6)

빈 케 : 맹호기갑연대(1965. 11. 1~1973. 3)

푸 깟 : 맹호1연대(1965. 10~1973. 3)

뀌 년(뚜이푸억) : 맹호사령부·십자성지원단, 106후송병원

송까우 : 맹호26연대(1966. 4. 15~1973. 3)

뚜이호아 : 청룡1차주둔(1965. 12. 26~1966. 9. 18
백마28연대, 209이동외과 병원, 십자성 1지원단
12군수 지원대대

닌호아 : 백마사령부(1966. 9~1973. 3)백마 29연대

나 짱 : 야전사령부.100군수사령부, 102후송병원
십자성2지원단

깜 란 : 청룡 상륙주둔(1965. 10. 9~1965. 12. 25)
백마30연대

지 안 : 비둘기부대(1965. 3. 16~1973. 3)

붕따우 : 제1이동외과 병원(1964. 9. 22~1973. 3)

호찌민(사이공) : 주월한국군사령부(1965. 10. 20~1973. 3)
백구부대(해군수송전대)(1965. 7. 7~1973. 3)
공군지원단(1967. 7. 1~1973. 3)

사진으로 본
베트남전쟁과 한국군에서 발췌

한국군 베트남 파병·철수 연표

1964. 5. 9	존슨 미 대통령 한국 등 25개국에 남베트남 지원요청
1964. 9. 11	의료지원단·태권도교관단 부산항 출발
1964. 9. 22	의료지원단·태권도교관단 남베트남 사이공 상륙
1965. 3. 10	건설지원단(비둘기부대) 본대 인천항 출발
1965. 3. 16	건설지원단(비둘기부대) 본대 남베트남 지안 도착
1965. 10. 3	제2해병여단(청룡부대) 부산항 출발
1965. 10. 9	제2해병여단(청룡부대) 남베트남 깜란항 상륙
1965. 10. 16	수도사단(맹호부대) 본대 부산항 출발
1965. 10. 20	주월 한국군사령부 남베트남 사이공에 개소
1965. 10. 12	수도사단(맹호부대) 남베트남 뀌년항 상륙
1966. 8. 9	제9사단(백마부대) 제1제대(제28연대) 본대 부산항 출발
1966. 9. 22	제9사단(백마부대) 남베트남 닌호아에 전개
1971. 12. 4	주월 한국군 제1단계 철수 시작
1972. 2. 24	제2해병여단(청룡부대) 철수 완료
1972. 4. 1	주월 한국군 제1단계 철수 완료
1973. 1. 29	베트남평화협정 발효(08:00부)
1973. 1. 30	주월 한국군 제2단계 철수 시작
1973. 2. 23	제9사단(백마부대) 철수 완료
1973. 3. 8	수도사단(맹호부대) 철수 완료
1973. 3. 23	주월 한국군 제2단계 철수 완료

사진으로 본
베트남전쟁과 한국군에서 발췌

베트남전쟁과 국제정세 연표

1858. 9	프랑스군, 베트남 침공
1885. 6	프랑스, 베트남 전체를 식민지로 편입
1941. 5	호찌민, 베트남독립동맹(越盟) 창설
1943. 3	일본군, 프랑스군을 무장해제시키고 베트남 점령
1943. 7	연합국, 포츠담에서 일본군 무장해제를 위해 베트남 분할 결정
1945. 9	호찌민, 하노이에서 베트남민주공화국 선포, 행정기관 장악
1945. 9	영국군 · 중국군, 일본군 무장해제를 위해 남 · 북 베트남에 각각 진주
1946. 3	프랑스군, 협상을 통해 영국군 · 중국군 철수시키고 베트남 재점령
1946.12	프랑스 · 호찌민군, 제1차 베트남전쟁 발발
1954. 5	프랑스군, 디엔비엔푸 요새에서 패배
1954. 7	프랑스 · 호찌민군, 제네바 평화협정 체결
1955. 1	미국, 군사고문단 파견, 남베트남군 훈련 담당
1955.10	응오딘지엠, 바오다이를 축출하고 베트남공화국 수립
1963.11	남베트남에서 쿠데타 발생, 지엠 피살
1964. 8	미국, 통킹만사건을 계기로 베트남전쟁에 본격 참전
1968. 1	북베트남 · 베트콩, 남베트남 전역에서 뗏 공세 감행
1968. 3	미국, 북베트남에 평화협상 제안, 미군 축차적 철수 발표
1973. 3	미국 · 북베트남 등, 평화협정 체결 · 발효, 연합군 철수
1975. 4	남베트남 패망
1976. 7	베트남사회주의공화국 수립

도움을 주신 분들

고엽제전우회 베트남지부 서철재 지부장 | 고엽제전우회 하노이지회 음재선 지회장 | 고엽제전우회 안양지회 오성택 지회장 | 고엽제전우회 호찌민지회 조휘권 지회장 | 고엽제전우회 이용주 전북지회장 | 베트남 호찌민 김성찬 님 | 베트남 호찌민 최남렬 님 | 베트남어 통역 김기환 님 | 사이공회 이상철 님과 회원 | 베트남 남부 고엽제 회장

마틴 리(Martin Lee, 이용하)
서울 출생
현) 계원예술대학교 교수

· 학력
1982   成均館大學校 貿易大學院 修了
2009   桂園藝術大學校 寫眞藝術學科 卒業
2012   九州産業大學校 大學院 藝術研究科 寫眞專攻 卒業

· 경력
1972   Vietnam 派兵 猛虎師團
1972   Ahn Khe Pass 作戰時 作戰狀況室 勤務(猛虎師團 機甲聯隊)

· 개인전
2007   Mozart "Natural" 忠武路 Seoul
2011   "The Peace Without War" Mapo City Hall, seoul, Korea
2012   "The Land Scape of Horizone" Me Gallery / Fukuoka, Japan
2012   "The America" Nikon Gallery / Fukuoka, Japan

· 초대전
2012   "3Rd Generation" Nikon Gallery / Tokyo, Japan

· 그룹전
2007   Kay Won University Gallery "漢江夜景"
2008   "Dawn of the Tuileries park in Paris" Cergio Art University Gallery / Paris, France
2010   "The Peace of Without War" Ahn Yang City Hall
2010   "海雲臺 夜景" 九州産業大學校 圓形 Gallery / Fukuoka, Japan
2010   "3rd generation" Asia Art Musium Fukuoka, Japan
2011   "3rd Generation" Konica & Minolta Gallery Tokyo Japan
2012   "The Peace" Fukuoka Art Musium" Fukuoka, Japan
2012   "New Horizone" Gallery 27 Kay Won University

지울 수 없는 상처

초판인쇄 2014년 2월 21일
초판발행 2014년 2월 21일

지은이 마틴 리(Martin Lee, 이용하)
펴낸이 채종준
기 획 조현수
편 집 박선경
디자인 이명옥

펴낸곳 한국학술정보(주)
주 소 경기도 파주시 회동길 230 (문발동 513-5)
전 화 031) 908-3181(대표)
팩 스 031) 908-3189
홈페이지 http://ebook.kstudy.com
E-mail 출판사업부 publish@kstudy.com
등 록 제일산-115호(2000.6.19)

ISBN 978-89-268-4578-3 93910